AF607310

EL PAN Y LA PALABRA

SERGIO GARCÍA ZAMORA

EL PAN Y LA PALABRA

XXIII Premio Emilio Alarcos

VISOR LIBROS

VOLUMEN MCCLXII DE LA COLECCIÓN VISOR DE POESÍA

Un jurado compuesto por Josefina Aldecoa, José Luis García Martín, Jesús García Sánchez, Olvido García Valdés, Aurora Luque y Carlos Margal, presidido por Luis Alberto de Cuenca, actuando como secretaria Paula Madroño, concedió a este libro el XXIII Premio Emilio Alarcos de Poesía.

Cubierta: Fernando Romero (basada en la obra *Frontera del hambre*, de Julián Alonso)

Isaac Peral, 18 - 28015 Madrid
www.visor-libros.com

ISBN: 978-84-9895-608-5
Depósito Legal: M-3685-2025

Impreso en España - Printed in Spain
Gráficas Muriel. C/ Investigación, n.º 9. P. I. Los Olivos - 28906 Getafe (Madrid)

Ganado tengo el pan: hágase el verso.

José Martí

Pido la paz y la palabra.

Blas de Otero

ORACIÓN DEL HOMBRE AGRADECIDO

Gracias, Señor, por la resurrección de mi cuerpo
a las tres de la madrugada, hora del oficio y del demonio,
cuando marcho a cambiarme por monedas,
cuando voy a negarme antes de que cante el gallo.
Qué soberbia la de este muchacho y su pobreza:
creer que un ángel cruza el pueblo en bicicleta.
Gracias, Señor, por dejarme ser aprendiz de panadero;
ya nunca más comeré pan a la ligera ni lo escribiré en vano,
sino como ofrenda de los días para mi hambre y mi palabra,
como regalo de alguien muy cansado que sonríe,
compañeros de jornada, hermanos de fatiga
a quienes nadie recuerda al comprar ese prodigio.
Gracias, Señor, por amasar mi alma entre sus almas,
porque unas son fabiolas lisas y otras fabiolas de pico,
porque unas tienen la sencillez de una barra rústica
y otras la doble fermentación de las chapatas,
pero a todas las hiciste con la misma harina
y a todas las llevarás al mismo horno.
Gracias, Señor, por el aroma y la quemadura;
si yo no fuese este ayudante torpe y alucinado,
cómo entendería tu milagro primero de las bodas;
cómo entendería la crepitación de los amantes en la cama;
cómo entendería a la madre lejana oliendo mi ropa;
cómo entendería que esta pala es un remo y una lanza:

un remo para navegar en el río secreto del fuego,
una lanza para herir el costado humanísimo del fuego
hasta encontrarle su corazón, dorado corazón
que cruje y se desmigaja en la boca de los niños:
pan del poema, ¡cuánto quisiera que fueras pan!
Gracias, Señor, por la hostia alzada del sol;
gracias por la sal y la levadura que has puesto en mi vida;
gracias por no endurecerme tan pronto, tan pronto
que ni yo mismo me pueda perdonar.

LA JORNADA

Un hombre pasa con un pan al hombro
¿voy a escribir, después, sobre mi doble?

César Vallejo

Pasa mi doble camino del trabajo
sin otra luna ni bicicleta
que el rodar de la esperanza.

Pasa el doble de cada hombre
y disimula el dolor de su vida
bajo el dolor más hermoso de la vida que suplanta.

Pasa una mujer que es todas las mujeres
con el rostro feliz de nuestra madre.

Pasa el emigrado que regresa,
nunca a su país, sino a los bares,
a su torpe ajedrez de mediodía,
a su café de inicio y final de jornada,
a su no importar hasta la médula.

Pasa un perro ladrándole al otoño
y de miedo las hojas se nos caen

como un niño miope que temiera
ver el galgo y la liebre de su propia sangre.

Pasa la palabra, conmigo queda
hecha herida y quemadura,
memoria de aprendiz en cada brazo.

Y pasa el pan entre los pobres
como pasa el hambriento las fronteras,
pasa el pan con un poeta al hombro.

COTIDIANO

Llamar al pan el pan y que aparezca
sobre el mantel el pan de cada día.

OCTAVIO PAZ

El pan ya está sobre el mantel
porque antes otro lo nombró,
otro nombró el pan para tu boca.
Nadie puede decir lo que fue dicho
sin que la palabra no admita su derrota.
Solo así logra vencer
la prueba en que todos fracasamos.
Pero yo no vengo a la batalla, sino al milagro.
Llamar al pan el pan y que aparezca
como el primer día que lo vieron
en silencio sobre el mundo.

HIMNO DEL CAUTIVO

¡Alegría de escribirlo todo y todo!
Al fin vuelvo sin arcón ni grilletes a la página.
¡Qué feliz soy en este pueblo, qué feliz
con solo hacer pan y montar en bicicleta!
Hay cuatro torres que sostienen el cielo
y un poeta de bronce sentado en la plaza.
¡Cuánta salud tienen las farolas,
cuánta vacuna los niños y cuánta luz la farmacia!
Un tonto hace nido entre cigüeñas
o baja por el paseo arbolado a la estación.
Déjame aquí, en el Bar Castilla,
donde nadie me concede pagar otra ronda
porque unos viven del aire y otros para la poesía.
¡Qué feliz soy en este pueblo, qué feliz
con solo jugarme la cerveza y beberme el ajedrez!
Ya comenzó la partida y el poema:
lo que salvo en ti, en mí lo sacrifico.
Se ha cumplido lo que pedí en la infancia:
volverme invisible, vivir rodeado de espigas.
Una transparencia que ríe, que canta y ríe
sobre los campos de trigo y amapola.
Mi risa es un timbre bajo graves campanadas
y un manantial junto al humilladero.
¡Qué feliz soy en este pueblo, qué feliz

en mi extranjero corazón de ermitaño!
Más que el Camino de Santiago, oh Virgen de Carejas,
mía es la Senda del Cautivo,
míos los ruegos de todas las madres
y la felicidad de cada liberado.

CORAZÓN Y FORTUNA

Corazón, da lo mismo: muere o canta.
JUAN RAMÓN JIMÉNEZ

Pasó la Fortuna con su rueda
como niña con aro por la plaza,
mientras yo disputaba en el bar otra partida.
Soy un pésimo jugador, pero hay días,
magníficos días en que me posee la Belleza
y resulto cruel e implacable
porque implacable y cruel resulta la Belleza.
Pasó la Fortuna con su rueda
como la vida con los soles que dejaron caer
su corona, su moneda y su anillo.
Pero entre la fuerza centrípeta de la dicha
y la fuerza centrífuga de la desdicha,
mi corazón de giróvago siempre gana,
aunque pierda y pierda, siempre gana,
porque no puede, poeta, no puede,
nunca puede dar lo mismo
morir o cantar.

NO HAY DINERO

El día echa fuera los bolsillos
como un actor de comedia que mostrara su tragedia.
Solo tiene este pueblo de bolsillo
con un ordenado cementerio de bolsillo
y una estación de tren en la neblina
sin jefe ni reembolso.
Hay barrios que parecen caídos de una maqueta
y obra de un miniaturista el paseo arbolado.
Falta una fuente para cada plaza
y una moneda para echar en cada fuente.
Si alguna vez resulta mayor el silencio
se debe a un viejo cura que ha vendido las campanas.
Los diezmos se han diezmado.
Los fondos han tocado fondo.
Los salarios son calderilla para chuches.
Pero compramos lotería
y pagamos la entrada del teatro
para ver el repetido drama irrepetible,
la representación única de nuestro vivir
que siempre cuesta más lágrima que risa.
El día echa fuera el alba y el alma
antes de que la noche como una ama
con su delantal y sus enaguas
todo se lo vuelva a embolsillar.

NADA QUE DECLARAR

Soy pobre y emigrado.
¿Para qué darte más señales?
Miro libros que no puedo comprar.
Miro ropa que no puedo comprar.
Miro muebles que jamás compraré.
Alguna tarde de niebla voy con mi amor
y entramos en la misma librería alucinada
y hojeo ediciones preciosas
y leo allí de pie y para ella
los poemas terriblemente bellos
de otro poeta pobre y emigrado.
Alguna tarde invernal voy con mis hijas
a la tienda de los maniquíes enfermos
y me pruebo un abrigo estupendo
que las hace sonreír y abrazarme.
Alguna tarde sin trabajo y sin colegio
vamos en familia y en juego a la ciudad,
a los comercios de la Calle Mayor:
qué cómodos sillones, qué amplias camas
para acostarnos todos esta temporada,
qué mesa de cristal tan largo
donde tienen sitio también
los padres y los hijos que faltan.
A veces pienso en mi patria,

más que pobre, empobrecida,
pero no pagaré este verso con la nostalgia.
Soy pobre y emigrado.
O emigrado y pobre y pueblerino,
qué importa el orden de la carencia.
Tengo un sofá, una manta que tejió mi madre,
las páginas de un amigo y el amigo.
Mío es el dolor tremendo
y mía la tremenda esperanza.

NEVADA

La extrañeza baja en copos lentos
que de tan lentos se vuelven amables.
Para el extraño todo resulta extrañeza
y de pronto el silencio lo conmueve.
Cuánta blancura, cuánta parsimonia
quiere poner también sobre las cosas.
Son más iglesias las iglesias,
más cementerio el cementerio.
Nadie oye caer este poema,
aunque haya palomas y caballos
y un humillo saliendo de las casas.
El alba: ¿vuelo o galope?
El alma: ¿arrullo o relincho?
En mi país las páginas se llenan de verano,
pero la vida sigue entre sus fuegos
sin el pan ni la palabra.
Qué frío escribir tiene la nieve,
la primera nieve del emigrado.

CARTA DEL EMIGRADO

Duerme tranquila que todo se ha cumplido.
Reboso salud y entusiasmo, me derramo
sobre otras vidas que a su vez se derraman
sobre el claro fluir de nuestras vidas.
Nuestras vidas son ríos de leche y miel,
garrafas desbordadas de vino milagroso
y cántaros colmados de aceite virgen.
Vivimos agradecidos y familiares
para no ahogarnos solos en cada alegría.
Nunca falta el pan, aunque sea de noche.
Nunca falta la palabra como otra fuente escondida.
A veces la miseria afila su espada,
pero hay tanto rocío, tanto rocío,
tanta savia que corre y estalla
en rosas y rosas y dulcísimos membrillos.
Quiero enviarte toda mi riqueza
que es toda mi pobreza con zapatos
para desandar contigo entre farolas
el laberinto amable de este pueblo.
¿Está bien que haya orden en el sueño,
aunque falte justicia en el mundo?
Duerme, duerme tranquila, mi enferma,
que Dios escucha más desde las bodas
los ruegos y pedidos de una madre
que los pocos deseos de un poeta.

TENERÍA

En la tenería derruida se curte la memoria,
pero mi memoria es piel bajo la piel bajo la piel;
piel sangrante, insular, hecha jirones,
piel que todavía no me arranco.
Ven conmigo, palabra, al arrabal.
Si no conoces el espíritu doliente del arrabal,
¿cómo comprenderás los arrabales del espíritu?
Yo comprendo porque soy un extranjero:
un extranjero resulta dos veces desollado.
Al partir y al arribar nunca se salva
ni el falso cuero de sus maletas.
Qué importa el hedor, la nauseabunda
lengua de odiosos odiadores.
Tú limpias el aire con tu aire, palabra.
Con la nueva memoria fabricas abrigos y zapatos,
fabricas sombreros amables para todos,
hasta una silla de montar me dispones.
Amo este paseo de jinete sin caballo,
este galope de la esperanza a la esperanza,
esta tenería derruida en el barrio pobre
donde el alma comienza a recordar.

LAVADERO

Palabra, quiero llevarte al lavadero
porque vienes de tanta ciudad
hecha lana, lana sucia.
Te mancharon de pólvora.
Te ahogaron en petróleo y sangre.
Te cargaron de crímenes ajenos
y ocultaron los crímenes propios.
Cuánta mentira dijeron contigo
que pareces no tener más dignidad
que la perdida dignidad de lo perdido.
Hueles a alcohol y a política.
Hueles a aceite rancio de las prédicas.
Los poetas dieron al mundo una hija
y les devuelven una hija mancillada.
Pero yo limpiaré tus cabellos:
blanca serás otra vez en la página.
Solo los inocentes contemplarán tu rostro
y solo a los inocentes darás abrigo.
Palabra, en el silencio de nuestro pueblo
me haré esquilador de discursos.
Y te lavaré de mi vergüenza
en el lavadero de mi alma.
Y te lavaré de mi vergüenza
por la culpa de este siglo.

NIEBLA

Blanquísima página de la mañana
donde todo ya fue escrito y fue borrado
para que vuelvas por la vida a preguntar.
Más que la poesía del paisaje
yo busco el paisaje de la poesía.
Hay que acercarse hasta que su cuerpo
sea nuestro cuerpo y nuestra alma.
Hay que acercarse hasta tocarlo en el alba;
hasta que los niños hundan sus dedos
en el costado de las cosas,
compañeros de colegio y de misterio,
peregrinos de sí mismos,
discípulos del juego y la luz
antes y después de cada cena.
Hay que acercarse hasta que ponga el sol
una lengua de fuego en sus cabezas.
Vemos mejor con este velo
porque obliga a mirar lo cotidiano,
lo que ocultan la costumbre y la prisa.
Ahora vemos a través de un espejo
sobre otro espejo oscurecido,
otro cristal nublado de humana transparencia.
No necesito la muerte y su relente
para que los rostros regresen a los rostros,

para que los niños distingan a los niños,
me basta la ceguera amable de esta hora
y el cabello mojado de mis hijas.
El paisaje está húmedo y abre los ojos
como todo lo que viene de un nuevo nacimiento.

AMAPOLA

Amo el pan de amapola
y amo la roja palabra amapola
que nadie arrancará de mi lengua.
Aunque venga el segador,
aunque resulte el silencio la única cosecha,
masticaré semillas de amapola
y todo se volverá música
con solo decir amapola amapola.
Andaré y desandaré los campos
donde el incendio o la sangre
se han hecho flor.
Ningún poeta se esconderá de mi saludo
porque si cada hombre es hermano
esta página no lo puede avergonzar.

ODA DEL MOLINO

Asómate, nadie es tan pobre
que no tenga una ventana.
Mírame lejano y blanco y ruidoso
porque también la esperanza elige su paisaje.
Soy un pastor que vive de horizonte.
Tengo tres cayados para arrear el viento,
tres cuchillas para esquilar las nubes.
Estoy fijo y fijado en la tierra
y en el cielo no cesa de girar mi cabeza.
El futuro viene cargado de hélices
y descomunales espigas.
Mírame, aunque no me escuches
porque oyes al poeta, aunque no lo veas.
Soy un gigante panadero que amasa lo invisible
y hornea en el sol este pan de transparencia.
Tengo raíz en lo profundo
y arriba, arriba una loca flor atroz
que no deja caer ni un pétalo,
mientras baja eléctrica la savia por el tallo.
Todo crepita, todo resuena
en mi osamenta de metal y hormigón.
Pero yo solo no puedo guardar los rebaños
ni saciar el hambre de pan y palabra.
Pero yo solo no puedo alumbrar la vida.

De qué vale mi soledad en el páramo.
De qué vale un único hombre
a la mañana y la tarde asomado.
Mírame para que te reconozcas en mí
y en ti los otros se reconozcan
porque sigo batiendo el mismo aroma:
humano olor de la máquina y la cosecha.
Somos el molinillo que un niño sopla
y el hijo menor que espera a sus hermanos.

VINDICACIÓN DE LOS SUEÑOS

Agricultores y ganaderos,
nada sé de flacas espigas ni de flaquísimas vacas;
no siento orgullo en decir que sufrí hambre
y que hambre sufren los míos.
Yo era de un país de poetas.
Más que la traición de sus líderes,
me dolió la traición de jóvenes
a los que abracé y llamé hermanos.
Todos me vendieron. ¿O quedó alguno
que todavía pueda en soledad
pronunciar sin temblor mi nombre?
Nadie me ha pedido perdón,
pero ya me perdoné para perdonarlos.
Ahora interpreto otros sueños. ¿O son los mismos?
Un teatro que se levanta de las ruinas.
Una casa del pan que será casa.
Un aula donde recita la vida
las coplas de la muerte.
Unos hombres y mujeres que me abrazan
y a los que llamo también hermanos.
Agricultores y ganaderos,
nada sé de esclavitud ni faraones
porque en la poesía elegí mi pueblo.
Y a la noche vamos a la noche

de los campos y las bestias,
a la noche donde la esperanza sueña
con graneros y bueyes colmados
cuando todas las patrias sean una patria
y todos los sueños hijos de este sueño.

EL INTRUSO

A todos los bares entraba
por la misma razón
que entraría a un monasterio:
beber cerveza y comer cordero.
En todos los bares hablaban lo mismo:
no llueve, no llueve,
qué espera para llover.
Los agricultores se preocupan.
Los ganaderos se preocupan.
El alcalde vive preocupado.
El poeta bebe y come y sonríe
porque ya sabe qué decir:
yo traeré la lluvia,
yo haré diluviar en la página
para que diluvie sobre los campos
y se limpie este pueblo
de polvo y desesperanza.
No se perderán las cosechas
ni morirán los animales.
Si creen en la poesía
yo seré el aluvión
para sus vidas de secano.
Pero el poeta calla y se marcha,
se va a casa a escribir:

cuánta nube y relámpago,
cuánta deseada tormenta.
En todos los bares se discute
la naturaleza del milagro
o la naturaleza del castigo:
demasiado viento, demasiada agua,
se inundan las bodegas
y se cortan los caminos;
queda levantado el adoquín
y ahogados nuestros muertos.
Vamos a beber cerveza y comer cordero,
pues en todos los bares
hay un poeta que empeora
lo que queremos remediar.

EL DÍA

El día es un labriego
de pocas, poquísimas palabras.
Dice sol o lluvia,
dice niebla más que nieve.
No pierde tiempo en parloteos.
A todos nos conoce,
pero resulta un elogio que te salude.
Buenos días, digo al día bueno,
aunque sigue rabioso en sus zapatos
por el oro de las horas
que ayer perdí en los bares.
Háblame, día, cuéntale tu dolor a este muchacho
o déjalo ganar cinco partidas.
Solo quiere escribir
con el vigor que tú trabajas.
Solo quiere calarse tu sombrero de nubes y pájaros,
probarse la transparencia por camisa
y echar unas gotas de coñac
en el café de la mañana.
El día es un labriego
que dice arado más que espada.

CARPINTERÍA

En la cofradía de la madera
quiero encontrar a mis hermanos.
No existe carpintero que no sea noble
porque noble es la materia que trabaja.
Fui donde el maestro de taller y su ayudante
y pedí ser digno del oficio:
una garlopa dame contra los soberbios,
contra mi propia soberbia dame una garlopa.
Trabajaré animoso, leal, reconfortado,
hasta que unánime quede nuestro espíritu.
¡Cuánto hay que desbastar en el hombre!
¡Cuánto nudo en su alma lo reduce
a menos que viruta caída al mundo!
¡Cuánto debo lijar en mí
para el abrazo profundo de los otros
como hace la luz con las cosas en el alba!
Antes de que la sierra del carpintero
se vuelva la sierra atroz del cirujano,
amistad, levanta esas vigas
y construye en mi sangre tu casa.

EL INSTANTE Y EL CAMINO

Acaso hoy es el día de mañana.
FERNANDO ZAMORA

Hoy es el día de mañana.
¡Qué bien lo sabe un cirujano!
Al tiempo lo debemos operar:
milenios de tumores y fracturas,
siglos de sangrienta metralla
y semanas del hombre anestesiado.
Basta de ver a cada transeúnte
enfermo de su edad y sus relojes.
Basta de la tardanza del pan
y de la prisa de la palabra.
Hoy es el día de mañana, amor,
para que no te amputen ni un minuto,
para que no vivas convaleciente
muriendo de pasado y de futuro.
En el ahora del ahora, levántate:
no puedo sin tus piernas caminar.

ELOGIO DE LA CALLE

Calle, viniste a mí pobre y desandada,
pero mucho antes de que fueras
pobre y desandada y mía,
yo fui el peatón de la miseria,
el desencaminado de este pueblo
que a todo sitio iba caminando.
¿Cómo voy a despreciarte en la mañana
porque sea cencellada tu saludo?
¿Cómo voy a abandonarte bajo esta niebla
ahora que tengo bicicleta?
¿Cómo voy a perder el rumbo
ahora que soy digno de tus rosas y tus perros?
Mi edad de caminante quiere verte atardecer
sentada en los bancos que fatigas;
mi edad de vagabundo quiere verte oscurecer
y que se enciendan de golpe las farolas
como la misma palabra luminosa
que decimos a la noche y a la muerte.
Calle, todos los pasos que son mi vida
se quedarán resonando en el alba,
se quedarán resonando en tu alma;
se volverán hojarasca en otoño
y aguanieve en invierno,
pero nadie callará su música estival

ni borrará su florecida huella
cuando regresen ardiendo sobre ti
en los pies besados de mis hijas.

LA NOCHE

Noche rural y castellana,
eres más noche que la noche
caliente de mi isla. Qué breve
la claridad alzacuello de tu luna
para tu cabizbaja oscuridad de sotana.
Noche de pueblo, voy desolado y diminuto
por esta maqueta a la intemperie:
cae el relente, un paño húmedo,
como si Dios cubriera en silencio
los muebles gastados de su casa.
Mi sombra se hizo amiga de tu sombra,
desanduvo con ella el laberinto
de las calles y las plazas.
¿Por qué la abandonaste en los bares
o debajo de cada farola?
Noche recia, yo conozco tu clausura,
yo aprendí desde los montes
los cuatro evangelios de tus torres.
Cuentas son de tu rosario los amantes
porque en tu nieve mi fe arde,
porque en ti yo soy todo el misterio.
Noche de los panaderos, noche ácima,
tú eres el canto que me salva.

NEGROS Y GITANOS
DE GASTÓN BAQUERO

Si no escribes de negros
tampoco escribas de gitanos,
pero si lo escrito resulta bello y útil,
solo puede ser bello y útil para todos.
O nada dice y nada vale.

El poema se ha vuelto tambor y castañuelas
y un dolor que baila y baila
entre hondos cantos dolorosos.
Nadie más negro, nadie más gitano
que el poema en la sangre del poema.

Cuando un poeta mira volar ensimismado
negros y gitanos por el cielo de Sevilla,
la noche taconea dos veces
antes de entrar en nosotros
con un reír y una pena en cada estrella.

LA CORRIDA

Mozo de espadas, lector, hermano mío,
delante y a caballo van los críticos: esos alguacililllos.
Pero el poema es un toro de Miura,
un toro siempre poema.
¿Qué diestro me concederá la alternativa
si en poesía pocos novilleros llegan a matador?
Quiero que me vistas y me desvistas
porque no hay vergüenza en la desnudez
de un amigo que anima a otro amigo;
quiero que repongas lo caído de mi traje
porque voy a ponerme el mundo por montera;
quiero que te adelantes a mis palabras de mañana
porque más que palabras son estoques,
porque más que estoques son la breve curva
que llaman muerte en el estoque.
Estoy cansado de los concursos de recortes.
Estoy cansado de clavar banderillas de adjetivos
cuando todo lo hermoso duele.
Estoy cansado de estar solo en esta plaza.
Ansío una sola, una sola corrida verdadera.
Lector, tú torearás conmigo,
aunque nadie te aplauda;
tú me alcanzarás la muleta y el capote

como un niño que sonríe a otro niño
con la sonrisa del que teme y no teme
porque nunca pudo ser de suerte diferente
el amar en un oficio la cornada de la vida;
tú verás mi sangre en la sangre del poema.

EL CAZADOR

Cuando suba a los cotos
marcharé sin perro, sin escopeta,
pero no habrá gamo ni jabalí,
no habrá liebres ni perdices
que escapen a mi verso.
Llevaré las ropas apropiadas:
cascabeles de plata en las botas
y cintas de oro en el sombrero.
Me escucharán venir, me verán llegar.
Iré silbando, silbando
y con un pañuelo rojo en cada mano
para que toda mi alegría me delate
porque solo he salido al mundo
para buscar la belleza.

LA ANGUSTIA

¿Cómo deshacerse de esta liebre muerta?
¿Cómo quitarle la piel y vaciarle las entrañas,
si nadie quiere cocinarla ni comerla,
si nadie quiere andar a deshora por el pueblo
con una liebre muerta debajo del abrigo?
Qué poco cívico resultaría abandonarla
en la puerta del ayuntamiento o del vecino.
Qué poco humano no darle cristiana sepultura.
Cada monte es el túmulo de una liebre muerta
y de la piedra de esos túmulos
han levantado nuestra casa.
El hombre mucho tiempo angustiado
lleva en su corazón de huérfano
el cadáver de una liebre que ya apesta.

CIERZO

Se levanta con sus galgos a mordernos el rostro.
Una jauría aúlla entre las piedras y nos persigue
por la calle larga, larguísima de las Pastoras.
¿Qué liebre de ojillos fríos, qué liebre temblorosa
buscan esos dientes cada noche en nosotros?
¿Qué gamo bajo la piel, qué ciervo en el otero?
Un viento cazador ronda nuestra casa,
viene de correr por el techo de una iglesia sin techo
y desliza su cuchillo de calar bajo la puerta.
¡Cuánto molino, cuánto monte, cuánta manta!
Pero nada, nada quiere, sino tu corazón.

VENTARRÓN

El aire fue ascendido a viento.
Se inclinaron los cipreses
y aplaudieron las ventanas.
Hasta la veleta giró sobre sí misma
al ver tanto molinillo riendo en el balcón.
El viento capitán dio su primera orden:
volar, que todo volara.
Pero nada voló, nada y nadie.
Todo pareció más destinado a la tierra.
Los sombreros sujetaron las cabezas,
los paraguas se aferraron a las manos
y las bufandas amorosas
nos echaron los brazos al cuello.
Ni un solo calcetín abandonó la tendedera.
Qué furia la del viento militar:
rabiaba llovizna y frío;
corrió sobre las torres y bajo los soportales.
Vuelen, decía a las banderas.
Y a la piedra sorda, ¡vuela!
Con él las cigüeñas se quedaron en su nido
y las palomas quietas al calor del alero.
Como no pudo rasgar el toldo de los bares,
se fue al jardincillo y decapitó una rosa.
Toda la noche oímos arrastrar su sable

de soberbio mariscal derrotado.
Esta mañana los trabajadores
que barren las calles y las plazas
han encontrado un pañuelo sin iniciales,
un pañuelo mojado y verde
que el viento suicida se olvidó.

LA VOZ

Me hablan en una lengua de adobe
y los tonos son ocres y firmes
porque es la voz de la tierra apisonada.
Mudo voy a los campos de cereal
a oír la granazón de las sílabas,
a recoger espigas y espigas
que pongo a los pies del poema.
Quisiera como el santo de Asís
poder conversar con los pájaros,
pero aún no aprendo en mi soberbia
a caminar descalzo sobre la nieve.
Cómo explicarle a un lobo
los motivos de otro lobo.
Callo para escuchar la piedra,
palabras verdes entre unos labios verdes:
qué bello resulta el idioma del musgo.
Por eso prevengo a los nuevos enemigos:
si van a difamar y maldecirme
no lo hagan por boca de este campo
ni de estos muros y torres castellanas;
no lo hagan por boca de esta casa rural
con su patio sonoro, su pozo y su parra.
Si van a escarnecerme
olviden el rumor de los trigales

y el escándalo de los perros en la tarde;
olviden el parloteo de las rosas
bajo el parloteo de los vencejos;
olviden los montes y los ciervos
como la nava y la familia de perdices.
Si me acusan de agreste, soy agreste.
En mi silencio cada ofensa
se volverá una bendición.

SALMO DE LOS MAESTROS CERAMISTAS

Maestros ceramistas, ¿en cuál horno
cuece la vida nuestra alma?
Todo debe estar signado por el fuego
como el pan y la palabra,
pero también por la tierra y el agua
y el aire que es aliento,
un soplo donde lo eterno suspira,
un respirar de lo útil y lo bello.
Di vueltas como un torno
alrededor de mí mismo,
pero el amor siempre estuvo en mi centro.
Y fue la sangre un pedal
para este amante y aprendiz.
Maestros ceramistas, ¡cuánto tiempo
sin comprender el tiempo, el tiempo
en la forma y la materia!
Vaso soy y acerco mi labio
a los labios de la vida.
Cántaro soy y festejo
rebosante de aceite o vino
la utilidad del vacío y sus voces.
Tiesto soy, hecho de la tierra
para contener la tierra:
dentro de mí la belleza expande su raíz.

Sonajero soy y resueno
movido por el viento demencial:
música para quien alucina.
Hay fuego en mí como el fuego
que hay en una vasija.
Maestros ceramistas, yo seré
el barro levantado que es el hombre
y el hombre convertido en obra
entren las cenizas del alba.

PIEDRA

No fuimos justos con la piedra:
pedir que la piedra sea pan
y que el pan sea palabra.
Cuánto milagro perdura
en que la piedra sea piedra.
La piedra se hizo casa y catedral,
se hizo castillo y camino y puente
y rueda de molino.
Y más que rueda, cuchillo,
cuchillo de pedernal.
Y más que cuchillo, altar.
Y más que altar, sagrado fuego.
La piedra se hizo fuego por los hombres.
La piedra se hizo horno y epigrama.
Me siento en la piedra a esperar,
hasta que en cada hermano
la piedra se vuelva corazón.

SOL NUESTRO

Sol de la tarde, rojas manos,
maestro albañil caído de los techos,
en brazos te llevan los naranjos
hacia los hospitales de la noche.
El verano lavó tu sangre en el canal
y puso un tren a ras del horizonte,
pero te dolía todo el cielo
como nos duele toda la tierra.

Se oscurece el pueblo y las palomas.
Sombra los muros, las calles, las casas.
Sombra desbordando los pozos,
sombra inundando los patios,
sombra subiendo las tapias.
Y una frialdad sin noticias
y cuatro torres sin luna
y una soledad de espadaña sin campana.
Apenas quedan en la alta noche
escalas de fuego astro afuera
y escala de huesos hombre adentro;
argamasa y cuerpo bajo el relente
donde el silencio también resbala.
Pero que nadie retire los andamios
porque la vida sigue en obras.

Solo tienes brazos, sol temprano,
amputaron tus piernas y quebraron las nuestras.
Los cerros te cargan en hombros
y los pastores te traen a la espalda.
Hay que presentar el rostro ante tu rostro,
ahora que te quitas esa venda de neblina
y subes renovado a los techos
con las herramientas de mi padre,
padre tú de la jornada y el día
donde mi corazón amanece y amanece.

CONVERSACIÓN EN EL PORTAL

Un chiguito corito se escolingaba
por el arambol.
(Argot palentino)

Está claro que el poeta es un niño desnudo
que se descuelga por el pasamanos.
Está claro que el pasamanos es el lenguaje
porque ningún poeta baja por las escaleras;
en todo caso, rueda escaleras abajo
y se rompe su cuello de cisne.
Está claro que la escalera es la realidad
y que la realidad tiene escalones falsos
y cruje bajo el peso de un poeta
cuando un poeta asciende y asciende
cargando la Verdad y la Belleza.
Está claro que el poeta nunca cae,
sino que otros lo empujan.

LA FE DE TU HERMANO

Creo que el mundo es bello,
que la poesía es como el pan, de todos.
ROQUE DALTON

Cuánta inocencia para un hombre
que iba a la taberna,
pero resulta tan bello creer
que el mundo es bello;
pero alimenta tanto creer
que la poesía es como el pan, de todos.

Creeré también que el mundo es bello
hasta que el horror del mundo
sienta tantísima vergüenza
que nadie pueda en las mañanas
mirarse en el espejo.

Creeré también que la poesía
es como el pan, de todos,
aunque nunca se alivie en mí la vergüenza
de despertar entre los hombres
sin pan ni poesía para todos.

Convertido en este peligro
solo espero que me maten,
me mataría no matarme,
me ofendería demasiado
no ser el ofendido.
Nadie va a creer en mí
si comienzo ahora a ceder el turno.

MERCERÍA

Alfileres para hincar su lengua
antes de que ella hable, y calle
nuestro corazón hecho alfiletero.
Agujas para coser sus ojos
antes de que veamos correr
carreteles de sangre deshilada.
Tijeras, magníficas tijeras para cortar su oído
antes de que silencie la música del pedal,
la música del taller y la casa:
una misma familia.
Hay que ponerle hombreras al dolor
como rodilleras a la esperanza.
Hay que bordar el sueño de quien ama,
tejer el pensamiento y que resulte bello
como un encaje o mil cintas.
Hay que abrirle ojales a la vida
antes de que la muerte venga
muda y ciega y sorda
a buscar otro saco de botones.

MARAVILLAS DE PEDRO Y ALONSO BERRUGUETE

El padre pinta y el hijo pinta y esculpe.
Y yo quiero creer que vivo y escribo
como si me hubiesen encargado otra vez
el retablo de la iglesia de Santa Eulalia
y la sillería del coro en la Catedral de Toledo.
Aunque ganado tengo el pan, no me alcanzaría la palabra
para llamarme discípulo de lo eterno.
En mi alma contienden los colores y las formas
como un alto combate entre vacceos y romanos.
Y de pronto irrumpe el alba, el alba triunfal
a través de siete puertas de una muralla que ya no existe.
Solo hay un padre y un hijo
en el corazón asaeteado de la villa.
O la ausencia de un padre y la orfandad de un hijo
cuando todos los montes se vuelven Getsemaní.
Esta es la soledad del poeta que suda tinta enrojecida
mientras los amigos duermen sin sobresalto;
esta es la soledad del poeta que pinta y esculpe
en el doble taller de la intemperie y lo inasible
donde escribe doliente y gozoso
lo que él mismo debe cumplir.

PUEBLO

Ruinas del llano, paredes de nada,
los poetas sin paisaje se nos ríen con malicia
y sus burlas son flechas en la carne
y su soberbia un gigante contra un pastorcillo
y su página una ciudad de aguas putrefactas.

Ruinas del llano, paredes de nada,
cuánta derrota en el ingenio de tu nombre,
pero tú eres el santo asaeteado que sobrevive
y el rostro amable de los reyes en la paz del retablo
y las coplas donde fluyen nuestras vidas.

Ruinas del llano, paredes de nada,
dame la desnudez del mártir y su corona
ante el emperador y los soldados;
dame el arpa del salmista y los cantares del sabio;
dame toda la poesía para ganar mi sed

y un solo verso para vencer a la muerte.

VIDA Y PASIÓN DE JORGE MANRIQUE

Entre los poetas míos
tiene Manrique un altar.
ANTONIO MACHADO

Recuerde el alma que seré siempre
el segundo poeta de este pueblo,
no por modestia, sino por vanidad.
¿Qué gloria mayor contemplaré
más allá de alcanzarle la espada
y ver en cada mujer a Guiomar?
Ando a su vera renqueando,
renqueando como una copla
de pie quebrado.
Yo soy el herido, pero él es la herida.
Tengo la misma edad del caballero
cuando se volvió inmortal:
nada envejece en su señorío,
nada mella sus sílabas,
nada cesa de amar.
Tengo la misma edad del buen hijo,
pero se pasa mi vida hacia el olvido
como el río de los derrotados
donde morir es vivir de rodillas.
Temo a la desmemoria, esa otra viruela

que se come el rostro de mi padre,
que se comerá mi propio rostro.
Por eso te invoco, Manrique,
entre los poetas míos,
porque no soy digno de levantar altares
más allá de mi silencio.
Ya viene la muerte tan callando,
pero la vida y tú no pueden callar.

ELEGÍA A UN HIJO DE VECINO

Que te fuiste a pescar cangrejos
al fondo miserable del canal,
a la densa mortaja verdinegra de las aguas
donde se pudren los ratones y las blancas aves abatidas
que no alcanza el perro del cazador,
me parece tan ridículo, tan injusto,
que si un caballo cayese en ese fango
me pondría también en la misa a relinchar.

Como no tienes quien te escriba una elegía,
voy a cantarle a la nada de ser nadie:
para algo ha de servir otro poeta en este pueblo,
aunque ya sé que me echarán en cara
más el decir de mi soberbia que el callar de tu carencia.
Mereces un himno, una música ligera
ahogada por el llanto de los tuyos;
mereces un papudo, un violín, un coro
con gravedad de órgano y agudeza de organista;
mereces en lo trágico de esta página
ser el primo menor de Ofelia.

Fuimos los mejores vecinos: nunca nos cruzamos,
pero yo muero un poco en cada muerte.
Me cansé de saltar con pértiga de orilla a orilla

donde todos los hombres resultan cuán ilustres;
me cansé de los grandes héroes y los excelsos artistas;
me aburrió la vacía majestad de los salones,
los indignos dignatarios que corren al hartazgo
y las siete plagas de las cortes.
Ahora estoy en paz como una barca,
de la que nadie tira, porque inmóvil avanza;
ahora prefiero el silencio de los peregrinos
junto al fragor de las esclusas;
ahora mi corazón sube al nivel de tu corazón
y se abren a lo eterno las compuertas.

PROBLEMAS PARA DORMIR

Madrid es una ciudad de más
de un millón de cadáveres
(según las últimas estadísticas).

DÁMASO ALONSO

Este es un pueblo de cuarenta enterramientos
(según las estadísticas anuales).
Fui panadero y me quedó el insomnio
por eso a mis treinta y nueve años resucito
y corro la piedra del sueño
y trasnocho sin dolor
porque todavía no me pudro
en el olvido que otros me desearon.
Oigo sin oír el cierzo y los galgos del vecino;
oigo mi ira y me aborrezco,
paso horas airado contra la ira
como el canto que no fluye
cuando estoy escribiendo.
Miro en el cielo a la gran vaca amarilla
que aquí resulta una escuálida oveja
perdida en el polígono,
una ovejilla escapada al fin del matadero.
Y nada le pregunto a Dios
que está dormido, que está soñando

un poema de rosas y azucenas
donde vamos por un huerto mayor,
un huerto de sangre, de escombros y cadáveres,
un huerto que es el mundo, la pesadilla del mundo
a la que el alma despierta.

EL DESCENDIMIENTO

Palabra, qué suave descender sobre las cosas.
Arriba el dolor te sujetaba con sus clavos
y vino el silencio a herirte con su lanza
y brotó agua y sangre y música
de la sílaba encarnada en tu costado.
Palabra, tuviste sed de nosotros,
pero nuestra lengua es una esponja en vinagre.
Esta tarde sentí que el poema oscureció
y que la página se rasgaba cuando entregaste el alma.
Morí contigo para que todo callara.
Fui un ladrón arrepentido, un ladrón de sí mismo
que soñó ir de tu mano por el paraíso.
Qué reino tengo, sino tu reino.
Qué reino ansío, sino tu reino.
Qué solos nos quedamos, palabra.
Qué solos se quedan las madres,
los buenos ladrones, los mejores discípulos.
Y los traidores de ti más solos que suicidas.
Palabra, con cuidado te hacemos descender
para no lastimar lo muerto, lo intacto de tus huesos,
la piel hecha jirones por los necios.
Oh, verbo coronado de espinas,
vocablo de salvación que limpias el horror del mundo.
Palabra, sostenme en tu piedad

como la vida tuvo piedad de sostenerte.
Que laven y perfumen nuestro cuerpo.
Que sea el libro tumba y sudario
porque no temo, ya no temo;
sé que huirán asustados los soldados,
sé que se correrán estas letras de piedra
y ya no te buscarán entre los versos,
entre tanto cadáver sin declamar,
sino que volverás,
palabra del amor y amor de la palabra,
resucitada en el pan de cada día.

En Paredes de Nava, invierno de 2023
y al amparo de Jorge Manrique

ÍNDICE

Esta primera edición de *El pan y la palabra*
se acabó de imprimir en Madrid el 1 de
marzo de 2025, cuando se cumple
el trigésimo primer aniversario
de la muerte del poeta
Eliseo Diego en Ciudad
de México.